LETTRE

DE

REPONSE A GARIBALDI.

PAR

FELIX PYAT.

Ami,

Tout homme te connaît comme il connaît le soleil. Tu as donné au siècle chaleur et lumière. Tu en es l'âme. Qui te voit, vit; qui te salue, salue patrie et liberté. Tu nous as fait appel, voici notre réponse! Tu pouvais attendre une voix plus digne de toi; mais nulle plus pleine d'admiration et de reconnaissance; et surtout nulle plus franche. C'est la voix du nombre: quantité pour qualité. *Vox populi...*

Sorti de France quand tu es sorti de Rome, libre ainsi de parler, j'ai à te remettre la carte du peuple.

Je dois, cet honneur fut-il payé d'une vie d'exil, renouveler la protestation de Juin, te dire pleinement ce que le peuple pense tout bas en servitude et tout haut en terre libre, t'exprimer, non pas seulement les sympathies, mais les espérances, mais les remerciments de la démocratie et les compliments de la révolution.

Que ceux qui ont exalté tes triomphes, abaissent ta défaite! Que tes flatteurs t'écorchent, tes vampires te rebutent et tes assassins t'accusent! c'est dans l'ordre. Donc, qu'amis du vif, mouches et vers de chair, l'espèce alerte, égoïste et ingrate des suceurs,—généraux, valets et princes, toute la vermine des dictatures te fuient..... pour revenir hélas! Qu'amis de la mort, de la tienne surtout, croyant à ce qu'ils souhaitent, le genre sournois, envieux et affreux des rongeurs,—lâches, traîtres et prêtres, t'approchent pour manger les restes! Qu'enfin la digne classe des jaseurs, des malins et des scribes, docteurs toqués et fourrés de toute sorte d'hermine, doctrinaires, jésuites et rouges licenciés, maîtres diplômés de logique et de constance, jugent du haut de leurs services et de leurs pantoufles ta pauvre tête et ton piètre cœur! Que l'arche entière, ô divine harmonie! au nom sacré du trône, de l'autel et de l'anarchie, te proclame déchu, défunt dans ta faiblesse et ta folie... avec l'amnistie sur le corps! A nous, peuple, dont la science est conscience, à nous de protester envers et contre tous, d'espérer en toi toujours, de verser cet espoir, notre baume, sur tes blessures, de te calmer sur ton lit de douleur, de te rassurer quant aux suites de ta folie, de nous incliner devant ta chûte, ami!

A nous la pieuse et facile tâche de t'affirmer, de te prouver qu'en tombant ainsi tu t'es élevé; que tu as été plus grand et plus sage et que tu es plus fort qu'auparavant; oui, plus grand, couché sur ton grabat de prisonnier que monté dans la calèche du roi, plus sage dans ta folie d'Aspromonte que sous ta tente de Caprera, plus fort terrassé dans ton sang que triomphant au palais Bourbon. Va! Tu n'as jamais mieux servi ta cause! et ta gloire se porte bien!

Plus grand! qui en doute excepté toi?

Quand l'électricité lança aux deux pôles du globe ce coup de tonnerre: " Vaincu! blessé!! prisonnier!!! " Quelle explosion générale de sentiments divers! La terre fut partagée en deux, joie et deuil. Nul n'est resté froid ni neutre. En ce temps d'intérêt, d'indifférence et de peur, de servitude, de platitude et de honte, tu as surpris, ému, édifié, scandalisé, consterné, ranimé tout le monde: Tu as fait ton devoir, tu l'as dit et nous disons, nous, tu l'as fait grand comme ta vertu. Rien ne manquait à ta gloire que ton martyre. Elle est palmée à présent. Défections, trahisons, piqûres et morsures, sifflements de vipères et pleurs de crocodiles, dents des hyènes, bec des aigles, jusqu'au coup de pied de l'âne, tout, dans le règne, t'a nommé lion.

Certes, il y avait un autre moyen d'être grand et à meilleur marché, d'être grand et sauf, en toute sécurité, comme te l'a signifié un autre patriote, moins grand sans doute, mais en revanche bien plus sage que toi. Les bons conseils et beaux exemples qu'il ta donnés! Il est si doux de piétiner un

rival et si sûr de caresser un patron. " *L'île dulcil*
Tu n'avais qu'à laisser le sabre au fourreau et l'action en parole. Tu n'avais qu'à cultiver en paix ton
laurier et tes laitues dans ton île, vivre en jardi-
nier et en excellence, semer toute sorte de graine
dans toute sorte de terre, récolter des deux mains
l'argent des deux mondes, manger et boire à discré-
tion souscriptions populaires et subventions royales
à la santé de la patrie, et dormir sans cauchemar en
comptant sur les oies pour sauver Rome. A la
bonne heure! C'était là un moyen prudent, prati-
que, et sain... pour toi du moins. Malheureusement,
la bonne fée qui a doué ta naissance, oublia la
sagesse politique, cet art d'expédiens, ce don de
rnue, cette patience de nymphe, cette rare faculté
de métamorphose qui ravirait Lamarck, cette faci-
lité fabuleuse d'adaptation et de reptation qu'en-
vieraient les chenilles et qu'Ovide n'a point chantée.
Bref, tu n'as pas, on ne peut tout avoir, cette pru-
dence du serpent, changeant de ligue et de peau
comme de temps et de lieu, s'ajustant et se confor-
mant à tout, partout, cet alcibiadisme arlequin,
socialiste à Marseille, républicain à New-York,
royaliste à Londres et impérialiste à Paris. Poly-
morphie profitable et protéisme salutaire qui ne
risque rien et assure tout. Par Plutarque! c'est
ainsi qu'on sauve sa patrie et sa grandeur bien en-
tendu, à distance, à coup sûr, à la longue, sans
blessure, sans déception et avec *des appointements*.

Relève la tête, lion abattu, non humilié! Le lion
n'est point un animal à sang froid. Un serpent peut
être sage, un serpent peut être long, il n'est jamais
grand. Grandeur veut droiture. Tu es le plus

grand, parceque tu as été le plus droit. Tu n'as suivi que ta conscience et servi que ton courage. "Fais ce que dois!" Et tu as fait ton devoir quand même. Tu l'as fait sans détour, sans réserve, bien plus, sans espoir. Tu as sacrifié à ta cause repos, fortune, liberté, vie, famille, tout jusqu'à ton prestige, tout ce que la plus noble ambition s'efforce d'acquérir et qu'elle a le droit de garder une fois acquis. Et le peuple qui est juste te rend tout ce que tu lui as dévoué. Désormais ta gloire remplit son ciel. Puissance, richesse, trônes et dominations, astres à couronnes et anneaux, toutes constellations, même celles du succès et du crime sombrent à sa vue dans ta splendeur. Il t'honore comme tu l'as honoré. Tu avais déjà pour lui une hauteur antique, légendaire, idéale, où chaque homme aspire en vain sous le poids de sa chair. Tu apparaissais à tous un ancien, tel que la mère des *Illustres* pouvait te faire, en s'appliquant. Cette mère et nourrice du génie, cette patrie-aïeule de tout homme, de tout peuple éclairé, cette seconde Terre-Sainte qui nous a donné nos demi-dieux, nos types en tout temps, en tout genre, les plus grands artistes, les plus grands écrivains, les plus grands citoyens et que tout brutal, armé d'un sabre, tout barbare en frac bleu ou blanc, Haynau ou Lannes ose fouler devant le monde élevé par elle, l'Italie de Michel-Ange, de Dante et de Brutus, avait fait de toi son chef-d'œuvre. Elle semblait avoir pris pour toi son crible d'or le plus fin, passé la poudre la plus pure de ses marbres et de ses bronzes les plus nobles, les plus rares et les plus divers, foi de Régulus et fougue de Coriolan, modestie de Scipion et témérité des Gracques, dévouement de Curius et tenacité de Caton, résumant ainsi en un seul toutes les fermetés et toutes les tendresses, toutes les ardeurs et toutes les candeurs, comme pour une preuve et un défi sublimes; pour mieux montrer au monde ce que vaut la mère d'un tel homme; pour dire aux nations qui l'oppriment : faites en autant si vous pouvez! pour dire à la France, surtout : Compare ton fils au mien.

Eh bien! tu as surgi plus haut encore. Par une juste balance des extrêmes, plus l'ennemi te ravale, plus le peuple te relève. Grâce à ta ferme et droite obstination, il va plus loin que Rome et St.-Cloud, plus haut que moderne et classique, Plutarque ne suffit plus, plus haut que l'homme même, pour te mesurer. Ton sacrifice lui semble une transfiguration. Tout ce qui te restait de terrestre est parti avec ton sang. Tes blessures se divinisent. Aspromonte prend des cîmes de Calvaire; ton martyre un air de passion. Ta gloire devient culte. Le peuple t'aimait, il t'adore. Il te glorifiait, il te déifie. Tu étais grand, tu es saint. Et tes Judas ont beau avoir des cordons au lieu de corde, l'humanité se retrouve en toi et crie " Ecce Homo! " Voilà comme tu es tombé : ta chûte est une ascension!

Est immortel qui meurt pour l'unité.

Si la loi de Leibnitz est vraie : " Unité — Variété; " si elle régit l'homme comme le monde; si l'homme est un, et prêtre ni prince ne peuvent le nier, car leur Bible nous tire tous d'un seul Dieu et d'un seul père, mère comprise; si donc, le genre humain est un dans sa cause et sa fin, c'est-à-dire son droit; si ce droit est société; s'il doit exercer ce droit de plus en plus largement, pour le plus ample développement de ses plus hautes facultés ; s'il doit former suivant ses affinités naturelles, sol, race, langue, âge, foi, loi, mœurs, des centres de plus en plus forts et de plus en plus libres pour suppléer aux faiblesses et aux misères de l'individu; s'il doit s'élever graduellement de son isolement de plante et de son égoïsme de brute, aux groupes de plus en plus vivants, de plus en plus humains, de famille, de cité, de nation, le plus haut assurant le plus bas; si ceux qui aident à ces nobles formations font œuvre divine, quelle œuvre font ceux qui les gênent? Si union est d'ordre supérieur, de quel ordre est division? Si le monde sauvé fait fils de Dieu celui qui meurt pour l'unité, fût-il fils de charpentier, démagogue et rouge jusqu'à la chemise; ceux qui tuent pour diviser, isoler, entretenir caste, haine et guerre, fussent-ils mitrés, couronnés et sacrés, de qui sont-ils fils ? Non, le déchu ce n'est pas toi. Celui qui meurt pour cette loi d'unité, celui-là est l'homme du devoir. Il a raison comme le Christ contre les princes et les prêtres. Il est grand comme l'amour.

Si la loi de Newton est vraie : " Attraction—Répulsion, " la même au fond que l'autre; s'il y a une statique politique comme une statique céleste; si les forces agissent en raison des distances et des masses; si la capitale d'un Etat est son soleil; si le soleil doit être au centre du système; s'il est absurde, impossible que Turin, sans Rome, attire Venise et fixe Naples; aussi impossible que Lille retenant Lyon sans Paris, aussi absurde que la terre faisant tourner le soleil;— non, le fou ce n'est pas toi. Celui qui meurt pour cette loi de gravité, fût-il traité de fou et d'ingrat par M. Laguéronnière, celui-là est l'homme de la vérité. Il a raison, comme Galilée, contre les prêtres et les princes. Il est grand comme la science.

Si enfin la loi de 89 est vraie : "Liberté — Egalité," la même encore que les deux autres; si elle s'applique au collectif comme à l'individu; si la base du droit moderne est souveraineté du peuple, si chaque peuple, représentant un citoyen de la grande patrie, a le droit d'exister librement, également; si chaque peuple a le devoir, non seulement, de ne point gêner, mais encore d'aider ses frères à s'élever, pour n'être plus convoités, disputés et partagés par d'autres; si l'ordre et la paix du monde ne sont qu'à ce prix d'équilibre;—non le faible, ce n'est pas toi! Celui qui meurt pour cette loi d'équité, fût-il rebelle au re *galantuomo*, est l'homme de la justice. Il a raison comme la révolution, contre les princes et les prêtres. Il est grand comme le droit.

II

Ainsi donc, Messie de l'action, tu es plus grand qu'auparavant. Tu vas voir à cette heure que le devoir a été la vraie sagesse comme il a été la vraie grandeur. Publique ou privée, probité est toujours habileté. Il s'ensuit que le plus fou a été le plus sage comme il a été le plus grand, parce qu'il a été le plus droit.

Le plus sage : c'est le point capital pour ta cause sinon pour ta gloire. Insistons là dessus. Timide, comme les autres, j'ai manqué de foi moi-même, et ma peine sera de l'avouer. J'ai pris ta résolution

ception — l'empereur qui règne en France, veut que le fils de Murat règne à Naples, comme le fils d'Albert règne à Turin, comme le fils de Bernadotte règne en Suède. Heureuse la postérité de Judas! Le diable est décicidément un ami de la famille et un ennemi de la nation. Son Murat à des chances. Fermons la parenthèse.

En somme, il fait son métier d'empereur. Tu as fait ton devoir de citoyen. Chacun de vous a rendu son vrai sens à ces deux mots devenus frustes: tyrannie—insurrection. Vous avez précisé la question. Il ne s'agit plus de religion ni de civilisation; il s'agit de compensation. L'empire se compose de 92 départements et de plusieurs *idées*. L'empire prend ce qu'il sauve et marque ce qu'il garde. Il veut faire de chaque roi, son frère et son valet; de l'église, sa mère et sa servante. Il est ami et maitre, fils et maitre. Il veut que les princes règnent et que les prêtres votent pour lui, prêtres et paysans s'entend, en Belgique comme en Savoie. Il veut refaire l'unité suprême par la force en ce temps de vote, et par la foi en ce temps de science, la chimère, le grand rêve, l'empire d'occident... six pieds de terre dans une ile.

Il est allé à Rome pour avoir Paris; il y est resté pour avoir les Alpes; il y reste pour avoir le Rhin. Guerre et paix, tout va là, tout jusqu'au traité de commerce qui lui lie l'Angleterre par l'envers du blocus, par un nœud de coton. Savoir maintenant si Mercure sera plus heureux que Mars; si la chaine d'or tiendra mieux que le cercle de fer; si l'Angleterre se laissera serrer d'Amsterdam à Gibraltar, et si les plus libres ne seront pas encore une fois les plus forts. Il y a des malheurs qu'il est presque crime de rappeler, qu'est-ce donc que de les ramener? L'empire est entre la liberté et la gloire. Liberté c'est révolution, gloire c'est invasion. Son choix est fait. Nous aurons la gloire. Il veut noblement libérer l'Allemagne comme l'Italie. Unité et force pour lui, fédération et faiblesse pour tous, être fort entre les faibles, *diviser pour regner !* C'est sa maxime. Ce n'est ni neuf, ni brave, ni sûr même; en tout cas ce n'est ni français ni chrétien. C'est le guano de l'oiseau de Caprée, la fange du plus olympien des aigles, qui en est mort d'ailleurs; la céleste ambroisie de cet auguste Tibère, l'évangile païen de ce porte-couronne que le monde compensa par le porte-croix, son plus grand fou contre son plus grand sage, l'un contradiction et condamnation de l'autre, l'un régnant pour diviser, l'autre mourant pour réunir, l'un saignant au Golgotha, l'autre se baignant à Caprée!

Ce fumier de l'enfer est l'engrais de la France. Il est le poison de l'Europe et tu as fourni l'antidote. Fou, tu as indiqué le mal et approprié le remède! Tu as été droit au but, au fait, à la racine même du mal, au mal principal, sérieux, mortel, par le chemin le plus court et avec l'arme la plus sûre. Pour vaincre l'ennemi, il faut le connaître. Tu l'as découvert. Tu as brisé le masque, forcé le Sphinx et son secret. Tu as montré le maître sous l'allié et en criant : " Qui vive ! " à l'ami, tu lui as fait répondre : " Ennemi ! "

Tu as ainsi convaincu les plus incrédules, éclairé les pires aveugles, ceux-même qui ne veulent pas voir. Tu as prouvé au peuple qu'il n'a plus rien à attendre des princes et des papes quels qu'ils soient, rien qu'oppression, misère et honte, charpie et mé-

decins tout au plus; qu'en fait, tous les gouverne-
ments sont coupables ou complices, celui d'Italie
qui subit l'injure, celui de France qui la commet,
celui d'Angleterre qui la permet. Rome n'est pas en
Syrie! Et puis comment ne pas permettre Rome,
quand on a Malte et tant d'autres compensations ?

Tu as prouvé que le peuple ne doit plus comp-
ter que sur lui-même, n'espérer qu'en son principe,
ne se fier qu'à son courage; que ses ennemis sont
ses maîtres; que son vrai roi est son droit, son
seul allié son bras et que l'épée de 24 millions
d'hommes doit trancher ce qu'ils ne peuvent dé-
nouer. Tu as prouvé enfin que la place et la force
du mal font son danger; que Venise libre ne sauve
pas Rome, mais que Rome libre sauve tout; que la
France a remplacé l'Autriche; que la balle au sein
est encore plus fatale qu'au pied; que l'Italie ne
peut pas plus vivre sans Rome que l'homme sans
le cœur; et que la balle ne voulant pas sortir de
gré, il faut l'arracher de force ou mourir.

"Rome ou la mort !" a donc été un cri de salut, un cri de sagesse, comme d'héroïsme. Ton
grand cœur a donc mieux vu que toutes les têtes
à lunettes et les queues à sonnettes. Tout le terrier
profond des reptiles et des retors, des perfides et des
pervers, chanceliers et cardinaux, Machiavel et Ca-
vour, Antonelli et Thouvenel ont donc été joués par
ta folie, vraie folie de Brutus, salut de Rome. Ta droiture a donc été le piège où tu as pris la fausseté
des uns et la couardise des autres; où tu as con-
traint l'hypocrisie à la violence et la lâcheté à la
trahison; où tu as rendu chacun à son rôle, empereur à l'arbitraire, roi au néant et démocrates à

l'action; où tu as montré à tous que la liberté n'est pas une princesse, filleule des papes et fille des rois; même des rois honnêtes, s'il y eu a; qu'elle est fille du droit et filleule du peuple; et que si l'Italie n'est pas libre, ce n'est pas la faute de la révolution.

En vérité, si tu n'étais pas si probe, on croirait à une rouerie. Mais non, vertu passe génie; et la lumière la plus pure est toujours la plus claire. Tu as donc été le plus sage, comme tu as été le plus grand, toujours parce que tu as été le plus droit. Lion, tu as fait nos affaires mieux que le plus fin des renards.

III

Et maintenant, nous disons, comme conséquence et fin, que tu es le plus fort. Inquiétude dénote faiblesse. Depuis ta défaite, renforts à Rome, désarroi à Paris, à Turin. Ministères croûlant en attendant le reste. Dans quel chaos tu les avais mis! Comment te juger, te punir, t'acquitter? Comment et pourquoi? Par quelle loi, pour quel crime, à quelle peine? Te flétrir? Impossible, toi, la source de l'honneur! Te juger? toi, la cause de leur droit! Tu les as vus ballotés et flottants dans leur impuissance, de l'odieux au ridicule, te renvoyant de Caïphe à Pilate, du militaire au civil, de la police au Sénat, du procès à l'amnistie, leur condamnation. En effet, par qui sont-ils tous, juges et justice, roi et royaume d'Italie? Par toi! Qui a taillé ce manteau de roi et ces robes de juges?

Ton sabre. Par quel droit, par quelle grâce punir ou absoudre Garibaldi ?   Par le droit de ton courage, par la grâce de Garibaldi. Cause inouïe, unique dans les annales du monde, unique comme ta vertu : vainqueur tremblant devant le vaincu, juges confondus devant l'accusé, roi éperdu devant son sujet.... Voilà comme tu es faible !   Ton jugement était impossible, dit-on, parce que leur droit est trop neuf et leur justice trop fraîche, comme si le droit était une question d'huître. Non, le jugement était impossible, parce que la créature ne peut juger le créateur, parce que c'était le monde renversé ; parce qu'ils sentaient dans leur reste de conscience que droit, loi et justice sont en toi et le crime en eux ; parce qu'ils sont les vrais coupables, les vrais rebelles, les vrais traîtres et que tu es le vrai juge, le vrai roi, le père même de la patrie, s'il en fut jamais un ; que te toucher était parricide ; que toi'seul avais droit d'assigner, accuser, condamner et de dire sans amnistie :

" Sire ! Je vous ai fait roi d'un peuple, et vous
" vous êtes fait vassal d'un homme. Je vous ai
" fait roi d'Italie et vous vous êtes fait sujet de la
" France.   Je vous ai donné un royaume et vous
" m'avez rendu une prison.Nous sommes quittes. Je
" ne vous dois plus que la vérité. Ecoutez donc pour
" votre salut. Républicain, à quelle condition vous
" ai-je fait roi ? Vainqueur d'un roi, à quelle con-
" dition vous ai-je remis son trône ? Dictateur d'une
" armée victorieuse, à quelle condition l'ai-je licen-
" ciée ? J'ai voulu vous laisser l'avantage et l'hon-
" neur d'achever l'œuvre, aux conditions lucratives
" et glorieuses de sauver l'Italie, d'expulser l'é-

" tranger, d'affranchir la patrie et de constituer la
" nation. Un peuple ne peut pas plus se passer
" d'honneur qu'un homme. Un homme esclave
" d'un homme est une brute ; un peuple esclave
" d'un peuple un troupeau ; sa patrie une étable
" et son droit l'abattoir. L'Italie ne peut être
" une nation humaine, une patrie vivante qu'à Rome.
" Sans Rome, c'est un cadavre. C'est pourquoi
" j'ai relevé votre drapeau, mis la patrie avant le
" peuple et crié au nom du roi : " Rome ou la
" mort ! " J'ai cru qu'un roi pouvait être patriote
" au moins pour l'amour d'une couronne. J'ai
" cru qu'il pourrait pardonner le trône à qui le lui
" cédait sans autre clause que de s'y tenir en roi.
" C'est là ma faute et j'en demande pardon comme
" autrefois Lafayette, aux hommes et à Dieu. C'est
" crime de vous avoir donné Naples, puisque c'est
" crime de vouloir vous donner Rome. C'est crime
" de vous avoir donné les membres, puisque c'est
" crime de vous offrir le cœur. Soit, punissez-moi
" autant que je l'ai mérité. Vous avez brisé ce
" pied qui a pris pour vous possession des Siciles.
" Vous avez enchaîné cette main qui voulait vous
" livrer Rome. Complétez la peine. Brisez, en-
" chaînez cette autre main, cet autre pied capa-
" bles de récidive. Frappez et liez tous les mem-
" bres de ce corps qui s'agitera sans cesse pour la
" même cause, tant qu'il aura une goutte de sang,
" un souffle de vie, coupable du même crime jus-
" qu'au dernier soupir. Mais prenez garde ! J'ai
" tenu ma parole, moi, souvenez-vous de la vôtre.
" Je n'ai rien fait à la hâte; j'ai attendu longtemps,
" trop longtemps. Je vous ai remis des provinces

" loyales, fidèles, unanimes, qu'en avez-vous fait ?
" Factions, brigues, bandes et guerre civile, lam-
" beaux se détachant, se déchirant, se dissolvant,
" en pleine dégradation, redescendant de la ma-
" jesté nationale à l'abjection de clan, de la dignité
" de révolution aux efforts inférieurs de l'émeute
" et de l'attentat, aux coups du désespoir, aux con-
" vulsions de l'agonie. C'est alors, seulement alors,
" à la dernière heure, que voyant danger de mort,
" vous voyant jouet de ministres qui préfèrent leur
" place à leur devoir, jouet et proie d'un frère qui
" fait de vous sa souris, c'est alors que j'ai voulu
" vous sauver, vous et la patrie, malgré vous. Je
" pouvais faire comme ceux qui ont réussi. Crom-
" well ne cria pas : " Vive Charles ! "— Il le déca-
" pita. Washington ne cria pas : " Vive Georges !"
" — Il le déposa. Danton ne cria pas : " Vive
" Louis ! " — Il l'exécuta. Moi j'ai crié. " Vive
" Victor !"—et c'est vous qui m'abattez. C'est juste,
" mais ce n'est pas tout. Les bons Italiens qui
" vous ont rendu le service d'arrêter Garibaldi
" vous rendront aussi sans doute celui de chasser
" l'étranger. Ordonnez maintenant à Pallavicino,
" à Cialdini d'arrêter Lannes à Rome et Benedech
" à Venise. Car si en tenant ma parole envers vous,
" je ne vous ai pas appris à tenir la vôtre envers
" nous, si en faisant mon devoir malgré mes prin-
" cipes, je ne vous ai pas appris à faire le vôtre,
" malgré vos alliances ; si vous n'êtes pas averti,
" converti au prix de mon sang que vous avez
" versé, malheur à vous ! Le peuple ne vous gra-
" ciera pas. Le peuple dira à son tour : la
" patrie avant la royauté ! Souvenez-vous donc !

" Sinon, roi, vous avez plus fait contre la
" la royauté, que Danton, Washington et Cromwell.
" Roi, vous vous êtes exécuté de vos propres mains
" plus sûrement que des mains de la loi. Roi, vous
" êtes régicide plus que toutes les Conventions
" d'Angleterre, d'Amérique et de France, vous
" vous êtes suicidé ! Vous n'êtes plus roi d'Italie,
" plus même roi de Sardaigne, vous êtes un gendar-
" me de l'empereur. Souvenez vous ! Je suis vaincu,
" mais vous êtes honni ! Je suis prisonnier mais
" vous êtes esclave ! Je suis blessé, mais vous êtes
" mort ! Sire ! Merci pour la République ! "

Felix Pyat.